VEO
Poemas de un hombre que rehizo su vida

VEO

Poemas de un hombre que rehizo su vida

Juan Carlos Freyre

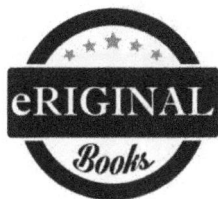

eRIGINAL Books

Publicado por Eriginal Books LLC
Miami, Florida
www.eriginalbooks.com
www.eriginalbooks.net

ISBN-13: 978-1-61370-082-2

Este libro es dedicado a mi amiga, compañera, amante y señora María Luisa, quien falleció el 8 de diciembre del 2015 y a quien amé con toda mi alma.

María Luisa

Agradecimientos

Gracias Susana por creer en mí y en mis poesías por tantos, tantos años, y por tu apoyo y cariño desde el día en que nací.

Mis más sincero agradecimiento a Sandra por su ayuda y trabajo.

Poemas de un hombre que rehizo su vida

Lo primero que me dijo Juan Carlos Freyre cuando hablamos por teléfono hace unas semanas, fue que era un viudo retirado y que había escrito unos poemas para su esposa, «el amor de mi vida» me repitió varias veces. Pensé que era una hermosa prueba de amor, pero también me pregunté a quién podía interesar un libro así. Una persona que no había escrito nunca y que tras un rapto de dolor quiere dejar una evidencia de su amor al mundo, solo podía mostrar entusiasmo a unos pocos lectores. Aunque, por otro lado, el más antiguo poema del mundo es un poema de amor, y fue escrito en una tableta de arcilla hace cuatro mil años.

El amor de Freyre por María Luisa, su esposa, no tiene racionalidad, como todo amor verdadero. Así lo deja plasmado en unos versos: «¿Por qué te quiero? /Si tú eres perfume francés / y yo "sal del mar" en vez. / Si tú eres cocktail de alta hora / y yo le soy fiel a la aurora».

Sin embargo, hay muchos poemas que no versan sobre el amor a María Luisa sino a la vida sin libertad. «Hoy siento en mi celda, soñando despierto, / un suave letargo lejano del mar, / volando entre nubes de un cuarto pequeño. / Perdido en espacio y en tiempo penal».

Abundan esos versos desesperados, aunque en otros se vislumbra la decisión de no rendirse: «Perdí ayer mi libertad / a razón de una tragedia / y comenzó esta comedia / a robar mi sanidad. / Dicen no tener maldad / que es normal aquí cambiar. / Así pretenden matar / mis deseos de vivir / y no saben que reír / es mejor que lamentar».

Luego, al leer la biografía de Juan Carlos Freyre confirmé que muchos poemas habían sido escritos en la cárcel entre 1985 y 1986. *Dos caras, Hoy siento en mi celda, Volé del cautiverio, Aurora y los presos, Despedida, Mi sonrisa* y otros más así lo reflejan. Freyre había estado encarcelado, pero no explicaba el motivo. Al preguntarle, me confesó su pecado y le expresé mi preocupación: debía explicar a los lectores la razón de su encarcelamiento porque la imaginación podía llevar a pensar que fuese un pederasta, un terrorista o un asesino en serie. O si lo prefería, no se mencionaría la cárcel. Como quiera que sea, se necesita mucho coraje para gritar al mundo una falta de la que te has arrepentido por el resto de tu vida.

Sin embargo, Freyre es un hombre valiente. No por su audacia por haber sido piloto de autos de carrera, navegante solitario por las aguas del Caribe o soldado del ejército de Estados Unidos. Es un hombre valiente porque desde que cometió el delito de violencia que lo arrojó por dos años a la cárcel, de una vida libertina y despreocupada cambió para siempre. Venció al consumo de drogas y de alcohol. Orgulloso me enumeró los años, meses y días que han transcurrido desde la última vez que bebió una bebida alcohólica. «Fue la batalla de María Luisa y su victoria» me dijo.

Juan Carlos Freyre rehizo su vida. Estudió historia, reemprendió un negocio próspero, cuidó de su cuerpo, amó a su familia y ayudó al prójimo.

Los poemas de Juan Carlos Freyre son sencillos. Son un alarido de sentimientos, de amor a la libertad y a su esposa María Luisa. También plasma su pasión por la belleza y curiosidades de la naturaleza, en especial su efusión por el mar. Pero por encima de todo, esta colección de poemas es mucho más que la expresión lírica de un hombre enamorado o su canto a la naturaleza. *Veo: Poemas de un hombre que rehizo su vida* es un himno a la redención y a la voluntad de levantarse cuando se ha caído en el lodazal tenebroso de este mundo. Espero que sirva de inspiración a muchos lectores como me ha iluminado a mí.

Marlene Moleon

Reflejos

Mirando hacia la rompiente,
de las olas de este mundo,
vi un náufrago moribundo,
apenas sobreviviente...
Nadó contra la corriente.
Venció el ciclón con la calma.
¡Pero qué asombro y qué alarma!
Al ver que el hombre a lo lejos
no era real; era el reflejo,
del espejo de mi alma.

Canto a la naturaleza

Canto al sol, canto a la luna.
También canto al mar abierto.
Canto al llano y al desierto.
Canto a río y a laguna...
Canto a la blanca espuma.
Al perfume de las flores.
A paisajes de colores.
¡Canto a la naturaleza!
Le canto por su belleza.
Le canto a sus esplendores.

Canto a lluvia de verano,
y al invierno con su nieve.
Canto también al relieve
del lindo suelo cubano...
Le canto hasta los pantanos,
por su paz que me embelesa.
Canto a monte y a maleza
y a la fauna que le habita.
Les canto porque me excita
la madre naturaleza.

1985

Ecos de mi sombra

Me golpea este sueño indefinido.
¿Quién acaso soy yo para juzgar?
Es la duda; el desafío de lo incierto.
El deseo de a gritos protestar.

Tibias ansias deambulan por mi cuerpo,
en vaivén que no acaba de asentar
como agua que cambia la marea;
o resaca que corre bajo el mar.

Pajarillo en un viento de agonía.
Nubes blancas de turbia falsedad.
Flota el barco sin vela a la deriva.
Hijos somos de la inseguridad.

No es por eso ni aquello que deliro.
Eco soy de mi propia soledad.
Dios me guarde caer en el vacío;
o perder otra vez mi sanidad.

Lee el verso que sangra por mi pluma,
ebria voz del poeta enloquecido.
Queja inútil del náufrago abatido
aferrado a un amor que abandono

Canta y canta mi alma envejecida
derramando la pena de su llanto.
¡Qué me lleve el demonio a su guarida!
¡O me encierren con ella en el espanto!

Marzo 6, 1985

Veo

Fuerzas tengo en mi ser.
Tu cariño al fin lo veo.
todo eso porque creo
en un nuevo amanecer...
Otra vez he vuelto a ver
los paisajes con sus palmas,
la ciénaga con su calma
y el reflejo de la luna...
¡Para colmo de fortuna:
la belleza de tu alma!

Veo la luz del sol
y el azul del horizonte.
Veo el verde de los montes.
Veo el fuego del crisol...
Radiaciones de un farol:
percibo tu luz brillante.
Capto el lucero radiante
porque ciego ya no estoy.
Porque al ver; veo que soy
¡No piedra sino diamante!

1985

Cuando te beso

Cuando te beso en la boca,
el corazón me palpita.
La sangre se precipita,
llenándome de ansias locas...
Tu dulce piel me provoca.
Y me muero de placer,
con el mágico poder,
ignorado por los sabios,
que me transmiten tus labios
¡cuando te beso!... mujer

Septiembre 28, 1986

Te extraño

Se la escribí a María Luisa en 1985.
Se la recité por última vez en su misa
cuando falleció en diciembre del 2015

Te extraño, ... hoy te extraño.
Como el mar extraña al viento.
Como el llanto al lamento.
Como oveja a su rebaño...
Sí... hoy, de veras te extraño.
Y si puedes comprender:
te extraño hoy más que ayer.
Y mañana; si estoy vivo,
encontraré algún motivo
para volverte a querer.

A extrañar me he acostumbrado.
Y aunque me duela en el alma,
he hallado cierta calma
al extrañarte en tal grado...
Nunca me había encontrado
en problema semejante,
situación desesperante,
que me hace comprender
que otra vez quisiera ser
tu compañero y amante.

1985

Quiero señora

Quiero besar suavemente
los párpados de tus ojos.
Sentir tus labios rojos
en roce con mi frente...
Quiero palpar el torrente
que corre por tu ser;
y lágrimas de placer
en tu rostro contemplar,
cuando vuelva yo a tomar
tu dulce cuerpo, mujer.

Yo quiero, dulce señora;
empaparme del sudor,
que germina con ardor
de esa alma que devora...
El resplandor de la aurora,
quiero ver por la ventana.
Y la dulzura que emana
de tu piel, ya complacida,
será una bienvenida
de flores y campanas.

Febrero 14, 986

A la orilla del mar

¡Estrella fugaz! Destello de luz diamantina.
Cubrieron mi rostro de cielo tus rayos.
Sentado a la orilla del mar en los cayos;
en aguas de perla y de sal cristalina.

Bautismo de amor... Don de pasiones
llenaron mis huesos tus fuertes corrientes,
rocío de bruma y vibrantes canciones.
Vistieron mis carnes sus aguas calientes.

¡Estrella fugaz! Guardo el prisma del lucero
tu fulgor es mi tesoro.
Testimonio en brillo de oro
que una vez... fui yo el primero.

Abril 12, 1986

Recuerdos de Varadero

*Lugar donde pasé los veranos
más felices de mi niñez*

Lindos tonos de morado,
guareados en caramelo,
vestían de noche un velo,
color negro estrellado...
Murmullo de mar plateado,
en la playa de Varadero;
donde un amor verdadero
reinaba en toda la gente.
En calles llenas de ambiente
y ecos de pregoneros.

¡Nada bueno es duradero!
La noche perdió su encanto;
y nubes rompiendo en llanto
trajeron los aguaceros...
El cielo azul marinero,
guardó su alegre fragancia;
y notas de resonancia,
de guitarras españolas,
llevaron entre las olas
los recuerdos de mi infancia.

Octubre 2, 1986

Una pena de amor

No hijo mío... no te voy a engañar.
Porque ella te roba el sueño.
Porque ya no eres su dueño,
hoy te voy, a aconsejar...
Si la quieres olvidar
la verdad, aunque molesta,
es que no hay una respuesta,
para aliviar tu dolor...
Porque una pena de amor
por vida se lleva a cuestas.

Octubre 19, 1986

Tú allá y yo aquí

Tú allá; y yo aquí.
Tanta distancia por medio.
Situación que sin remedio,
me ha despojado de ti...
y la dicha que yo sentí,
cuando en abril habían flores;
no es razón para que llores.
¡Que recordar desempeña!
¡Que el amor al fuego es leña!
¡Y hasta en la sombra hay colores!

Diciembre 19, 1986

Mi retrato

Ya es tarde mamá... no entiende.
Contesta y no estudia apenas.
No me escucha a mí, ni a Helena.
Le digo y él nada aprende...
Si hablas... él no te atiende.
Si compra... nada es barato.
Si escribe... son garabatos.
¡Mas no sé de qué yo me quejo!
Si se mira en el espejo:
es mi hijo y mi retrato.

Diciembre 19, 1986

Tus miradas

Tus miradas me incrustaron,
temblé de pies a cabeza.
No tenía la certeza:
de cómo me contemplaron.
No sé si se horrorizaron,
o fue lástima sentir
que podía revivir
del pasado nuestro amor.
O si tal vez fue el dolor
de no podernos decir.

Por ratos combatiste mi mirada
y al tropezar tus ojos con los míos,
corriste por las aguas de mi río,
sintiendo tu alma acariciada...
Por ellos fuiste delatada,
con lágrimas de amor que derramaron.
Gotas de llanto que al final brotaron
mojando la tez de tus mejillas.
Sembrando en mi huerto la semilla,
de aquel amor que arrebataron.

1985, Día en la corte

Cambié

Cambié paz por zozobra.
Seguridad por intriga.
De león pasé a hormiga,
por fatal maniobra...
Fui entremés, hoy soy sobras.
Por no seguir mi intuición.
Por dejar a la ambición
confundir mis principios
por trepar precipicios
y esperar retribución.

Cambié cielo por infierno.
melodía por ruido.
y al perder el sentido:
sin abrigo soy invierno...
¡Solo Dios es eterno!
lo aprendí en el penal.
creí ser inmortal.
y al sufrir de esta forma,
donde todo deforma:
¡Acepté que hay final!

1985

Dama blanca

Dama blanca de la noche
qué dañina es tu canción,
te codeas con el pueblo,
y no haces distinción.
Eres dama muy versátil,
te gusta la perversión.

Te conocí hace tiempo;
no entendía tu misión.
Cómo haces que te compren,
que te vendan por placer.
El dinero que tu mueves;
solo incita la agresión.

Te introducen a los niños;
vieja amiga del pecado.
No eres particular,
con muchos te has casado.
Dueña de gobernantes,
millonaria del mercado.

Resides en Miami.
Vas donde sopla el viento.
Tu crianza es colombiana,
peruana de nacimiento.
Donde quiera que visitas:
eres el gran evento.

Rompedora de hogares.
Destructora de menores.
Es tu brillante blancura
más sangrienta que una daga.
Tu crueldad es la causante
de vidas desbaratadas.

Te maldigo blanca dama
por los daños que has causado.
Por arruinar mi presente.
Por opacar mi pasado.
Por convertirme en tu esclavo.
Por haberme condenado.

No me puedes ya engañar.
Me consta que eres dañina.
No me vas a enamorar.
No te la des de ser fina
tu nombre ya descubrí:
¡Tú eres a la cocaína!

1985

De tu rosal

De tu rosal son las rosas
y del jazmín la dulzura;
pues ya partió la amargura,
que el filo de tus espinas
causaron ayer en mí.

De tus claveles: colores
que decoraron con flores
recuerdos pasajeros,
que crecen en mi cantero
y que me acercan a ti.

Olores que en aire flotan.
Jardines que no marchitan.
Perfume de tus pétalos
quedaron impregnados
en el amor que te di.

1985

Funde

Funde el cobre y el estaño
como el hierro y el acero.
Mas fundir mi amor no puedo
con la espina del engaño.

Calidad humana

Garbo, lealtad, nobleza,
calidad universal,
Fijan en el animal
el grado de su pureza...
La sabia naturaleza
en constante evolución,
ha dado la solución
al problema alimenticio;
formando su propio juicio
de acuerdo a su condición.

Qué suerte tiene el pescado
que su razón de morir,
es que lo puedan servir,
como plato delicado...
frito, a la brasa o asado,
buen bocado hace el marrano,
que a la inversa del humano,
como la carne de res;
es buen alimento en vez
de comida de gusano.

Noviembre 17, 1986

Distancia

¡Dios mío! ¿Qué ha sido de ella?
¿Qué llena sus ratos vacíos?
¿Y a quién le recuerda el rocío,
cuando mira a las estrellas?

¿Qué ha sido de ella, Dios mío?
¿Quién ha tomado mi puesto?
Porque despierto molesto
y en verano siento frío.

Temo a ratos la distancia.
Y trato de convencerme
que al ella volver a verme
no haya muerto la fragancia.
Ya no queda en mí arrogancia
y admito que fui malvado.
Ya sabrá Dios si es pecado,
este acto imperdonable,
para que en mi se hunda el sable
si de veras me ha olvidado.

Septiembre 16, 1986

Papá

Papá, me dice el doctor
que esa sonrisa en tu boca,
es que piensas que te toca
enfrentar al redentor...
Ya le dije al buen señor,
por si te fueses temprano,
que se lleva a un buen cubano,
que de su hogar ha hecho un templo
y que su vida es ejemplo
de decencia y de cristiano.

Enero 31, 1987

Retornaré tu alegría

Tu pelo tornara gris claro.
Caminarás descansada.
Y aquella vida agitada,
será parte del pasado.
Tus lindos labios rosados
dirán con sabiduría.
Recordando aquellos tiempos
cuando todo era emoción.
Cuando tu gran ilusión
era volver a ser mía.

En un día entre semana,
mirarás por la ventana
y aquella vieja ilusión
que con tu oración pediste,
llenará tu corazón
de la noche a la mañana.

Yo besaré tus cabellos.
Y será el color gris claro
el más bonito de ellos.
A tu hablar de sabiduría
añadiré picardía.
Y tu vida descansada
retornaré a aquellos tiempos
y vivirás los momentos
de nuestra vida pasada.

1985

Sosiego

Sale el sol en Cayo Largo.
El rocío esta en cubierta
y una suave voz de alerta,
me despierta del letargo.
Despierto y sin embargo,
queda un estado de paz;
donde fuera yo capaz;
de vivir eternamente.
Navegando suavemente,
sin rumbo en el compás.

Puestas del sol en los cayos.
Refleja en mi nave el ocaso.
Llevase de mi alma un pedazo
confundiéndose en los rayos...
Días de mar; yo los hallo
ideales para soñar.
Hacen posible olvidar
los achaques del diario,
con los lindos escenarios,
que yo veo al navegar.

1985

Rock y danzón

Ayer fui un infante cubano,
era inocente, libre y sano.
Mi canción era blanca paloma
del manantial que brota en la loma
del criollo bohío de guano.

Patria de Maceo y Agramonte,
de jugo de caña y sinsonte.
Era mi herencia el mambí,
la sangre y el verso que Martí
me dejó de regalo en el monte.

En otoño muy de mañana;
a lo lejos por la ventana
vi un cambio repentino
y me llevó el caprichoso destino
a la tierra americana.

Ya olvidé mi tinaja de barro,
calle ocho es ahora mi barrio.
Y jueves de amor Palmolive
he cambiado por un detective
que le habla en inglés a su carro.

La conga y el suave danzón
y las niñas del malecón;
remplacé con la discoteca
y una flaca llena de pecas,
que rock baila en vez del son.

Mi tasita de negro café,
por coffee con crema cambié.
Y La Salle de El Vedado
a Miami han trasladado;
donde años atrás me gradué.

Ya soy hasta ciudadano
del gran pueblo americano.
Mas queda en mi pluma sabor
a poeta soñador
curtido en tabaco cubano.

1986

Noches de fantasmas

Triste noche del penal.
Eres tú las más oscura.
Eres tú la que más dura.
Eres noche sin final
como grano en arenal:
tu conteo innumerable.
Tu penumbra es comparable
a mil sueños sin colores.
A primavera sin flores.
A dolencia irremediable.

Noches de malas memorias:
tus fantasmas me acongojan
con pesadillas que arrojan
luchas sin triunfo ni gloria...
Repetición de una historia,
que me hace sufrir dormido.
Visiones que no he podido
desprender de mi conciencia.
Sombras de sangre y violencia.
Que en mí han permanecido.

1985

El amante

Peleaba con su señora,
a golpes de pescozones.
Las flores y los bombones,
la riña no aminoraba...
Con su postura irritada,
se le escapaba de día.
Y cuando no le veía,
se le escurría en el coche
y regresaba de noche,
extenuada de alegría.

Buscaba por los olores
a cigarrillo o tabaco.
Y el nombre del bellaco;
ladrón de sus amores...
Cada día eran peores
su relación en la cama.
Y volvía envuelto en llamas
cada vez que le espiaba.
¡Su señora siempre estaba
reunida con otras damas!

El tiempo siguió pasando.
Y en medio del desespero
le dio besos; le dio cuero.
Y excusas siguió aguantando...

Hoy por hoy sigue celando
y no la pude coger.
El hombre no quiere ver,
que el fantasma a quien acecha,
es el fuego de la mecha
del amor de otra mujer.

Diciembre 28, 1986

Mi sonrisa

Perdí ayer mi libertad
a razón de una tragedia
y comenzó esta comedia
a robar mi sanidad.
Dicen no tener maldad
que es normal aquí cambiar.
Así pretenden matar
mis deseos de vivir
y no saben que reír
es mejor que lamentar.

Ayer perdí mi mujer,
mi casa, carro y dinero.
Y por querer ser primero;
mis hijos volví a perder...
También tuve que ceder
el "mastercard" y la "visa",
mi pantalón, mi camisa...
Pero a pesar de este horror,
sigo siendo un soñador
y no perdí mi sonrisa.

Lágrima al viento

Echa una lágrima al viento
si tú sientes lo que siento.
Y es posible que tu llanto
llene el aire de tu encanto,
con amor y sentimiento.

Si una gota cae al río
a cuenta de mí extravío:
cuando choque en la rivera
me traerá la primavera
tu recuerdo en el rocío.

Y si tu llanto no brota,
en vez de echar una gota,
dedícame una sonrisa
y traerá el eco en la brisa
el triunfo de mi derrota.

Diciembre 26, 1987

El duelo

La noche de invierno era
de lluvia fría y cortante.
De un pueblo poco importante,
en una tierra cualquiera...
Sentado frente a una hoguera:
un padre con sus mozuelos,
al habla le daba vuelo.
Anticipando el destino.
Narrándoles el camino,
por si cayera en el duelo.

Evitósele por años.
Navegó los sietes mares,
cansado de sus andares
decidió enfrentar los daños...
¡A ellos no dijo engaño!
Pasara lo que pasara;
con palabra firme y clara,
les contó de su caída.
¡A los yerros de la vida
tienes que darle la cara!

En plena conversación,
la puerta se vino abajo;
y un grito sonó... ¡Carajo!
Seguido de una explosión...
Tirose por el balcón
el padre con sus muchachos.

Seguidos de aquel borracho;
que ansioso de darle muerte,
pisaba el tablado fuerte;
cargando en la mano el "cacho".

El hombre solo no estaba.
Llenándose de valor,
decidió echar el vapor,
con el arma que empuñaba…
Al establo disparaba,
con sus dos acompañantes.
No sabían los maleantes
que el odio de su venganza
les robó toda esperanza,
ante el mortal contrincante.

¡Sacó su fierro letal!
Aquel que había olvidado
¡El trío fue aniquilado
en un segundo infernal!
Fue un combate terminal…
la sangre cubrió el terreno
y entre el humo y el sereno
no se oía respirar.
Solamente el murmurar
de la venganza. El veneno.

Un hijo al padre buscaba.
Y el otro retando al diablo,
fue al pozo tras el establo,
donde la muerte habitaba…

La sangre a chorros brotaba,
cuando el hijo lo encontró.
Y cuenta quién observó,
que el guerrero agonizante,
paz tenía en el semblante
cuando a su hijo abrazó.

Diciembre 24, 1986

Despedida

Recuerdo años atrás,
como hubiera protestado,
si tan solo por un día,
me hubieran encarcelado.

Muchas cosas han pasado;
y parece una ironía,
que acepte con alegría,
la sentencia que me han dado.

Hoy me despido de todos,
estoy triste no es engaño.
¿Quién no se va a molestar?
Si lo trancan por diez años.

Mi sonrisa no he perdido,
ni tampoco mi energía;
pues no me doy por vencido
y "mañana será otro día".

A todo el que me ha querido;
les tendré siempre presente.
Pues no concibe mi mente:
pagarles con el olvido.

Pasarán varios abriles,
antes de estar de regreso.
Me despido con un beso;
y de veras "gracias miles".

Diciembre 12, 1985

Mi verso

Al hombre sencillo escribo,
con alma de soñador.
Escribo versos de amor
escribo lo que percibo...
El verso mío cultivo
para el que sabe querer.
Horas sublimes de ayer
y penas de lo vivido
y todo lo que he sufrido,
por amar a una mujer.

Aurora y los presos

Duerme el sol escondido en madrugada.
Dulce aroma de yerba en el sereno.
Y mil hombres de azul en el terreno;
cabizbajo le niegan la mirada.

Cuando asoma una nube abochornada
y mil lumbres escapan de su seno,
se transforma en azúcar el veneno.
y mil almas de aurora enamoradas.

La pena que arrastran mil conciencias,
la bella princesa que engalana
por rato su prisma les robó.
Y el sol juzgando su apariencia,
celoso, temprano en la mañana,
con ira salió y se la llevó.

Enero 13, 1987

Andy en el velero

Te vi... en el pulpito de proa.
Tus ojos más allá del sol poniente,
soñando corsarios de la reina,
en mares del nuevo continente.

En el santo descanso de la noche,
sentí que tu cuerpo de hombrecito,
buscaba a mi lado un rinconcito,
en la teca y el cojín del camarote.

En vuelo de ave trasluchando;
te asiste con gran habilidad.
El cabo tomaste; luego el mando,
con plena y total seguridad.

Y aquella tarde, azul oscura,
tu alma soñó junto a la mía.
Y vive por siempre la aventura,
en una inmortal fotografía.

Diciembre 12, 1986

Un abrazo de mi hijo

Dedicada a mi hijo Juan Carlos

Rompe el silencio del paseo.
Ábrese el habla de protesta
¡Todo es oscuro lo que veo!
¡Todo me hiere y me molesta!

¡Ay hijo! que carga la que siento.
¡Me pesa! mis hombros no resisten
sonrisas en mis labios ya no existen.
Que débil me siento ante el tormento.

En las aguas del mar azul zafiro,
me diste un abrazo con tal fuerza,
que el viento giró hacia la inversa,
pintando el arco iris de un suspiro.

Y aquella tarde negra de amargura,
tornaste mi queja en alegría.
Y vive por siempre la ternura
en una inmortal fotografía.

Diciembe 12, 986

La tristeza de mi cara

¡Qué alucinación tan rara!
¡Soledad abrumadora!
¡Qué expresión la que decora
la tristeza de mi cara!
Cuántas cosas le llamara
a este tiempo que ha pasado.
Cuánto yo he necesitado
un abrazo de mis niños,
o simplemente el cariño
de una mujer a mi lado.

La comida desabrida
y este cruel colchón de palo;
No son castigo tan malo.
No son el fin de la vida.
Mas el alma enloquecida
me reclama en su dolor,
la dulzura y el calor
que se sienten por las venas;
cuando se lloran las penas
en los brazos de un amor.

Noviembre 30, 1986

La razón de mi vida

Dedicado a María Luisa

No sé si es el susurro
de su voz de madrugada
o su suave piel de nácar
a mi lado acurrucada.

Tal vez sea su destreza
en arte y decoración.
O la forma que me abraza
y entrega su corazón.

Quizás sea su sonrisa
que impregnada de su amor
me regala cada día
alegría y buen humor.

Lo que puedo asegurar
es que nunca negaría
que fue ayer y será siempre
razón de la vida mía.

Mayo 7, 2002

Acuérdate de mí

Cuando abras los ojos al día.
Cuando el fresco de la noche acaricie tu piel.
Cuando a un recuerdo le quieras ser fiel:
acuérdate de mí.

En días de verano, a la orilla del mar.
En noches de invierno, cuando quieras
recordar.
Caminando los senderos de aquel parque en
primavera.
O en otoño:
cuando las hojas muertas cubran la acera:
acuérdate... acuérdate de mí.

Y cuando pienses que se alejan las memorias
cuando el calor de otros brazos intenten
cambiar la historia:
entonces, la magia del ayer será mi aliada;
y otra vez sentirás tu alma enamorada.

Recuerda nuestro amor.
Recuerda el esplendor.
Que allá, en un rincón lejano,
entre sombras y agonía;
tu recuerdo será alegría,
de un bohemio soñador.
¡Acuérdate amor mío!
¡Acuérdate de mí!

1985

Carolina

De Carolina Forero:
por lo que ella es y ha sido
es que debe haber nacido
bañada por un lucero.
Su carisma es verdadero.
Su andar es siempre elegante.
Y su precioso semblante,
de nácar y de marfil
va encerrando en su perfil,
no ojos, sino diamantes.

Junio 18, 2002

Volé del cautiverio

En la muñeca una esposa.
Mi cuerpo tras de la reja.
Tan rugiente fue mi queja,
como fiera peligrosa...
Mi corazón fue de roca.
Mi pelo se tornó en canas
y esa cárcel inhumana
no pudo mi espíritu atar.
Porque así aprendí a volar
cual águila americana.

Mi fuerte musculatura,
con tiempo la ablandaron;
con métodos que abusaron
tras sorprendente captura...
Tan triste fue mi amargura.
Y fue mi dolor tan grande
¡Que en una explosión que expande!
Me libré del cementerio,
volando del cautiverio,
como el cóndor de los Andes.

Febrero 15, 1986

Vegetación intelectual

Brisa a la brisa va
los muertos al cementerio
el tren corre en su carril
se acabaron los misterios.

¿Qué pasó con el enigma?
¿A dónde es que fue a parar?
Curioso y curiosidad,
eléctrica sociedad.

Si algo nuevo te provoca,
dale a la tecla una vez,
si a tu turno no le toca,
dale a la tecla al revés.

No vistas tu nueva prenda
para salir a comprar.
Aprieta uno o dos botones
alguien te lo hará llegar.

Las guerras y enfermedades,
el depósito del banco,
el cura que ya no es santo
y todas las novedades.

Ya mejor ni te levantes
aproxímala a tu cama
y apretando mas botones
va apagándose la llama.

Concentrándonos, dormidos,
totalmente hipnotizados,
miran números y letras,
por vida inmovilizados.

Le absorben el intelecto
el alma y el corazón.
No queda imaginación
se le escapa por el recto.

Si no entiendes mi poema
te aconsejo sin demora,
que regreses a tu tema,
con tu fiel computadora.

Agosto 14, 2003

¿Por qué te quiero?

¿Por qué te quiero?
Si sangre fluye por mis venas;
y por las tuyas corre arena.
Si persigues con afán el dinero;
y yo el viento en mi velero.

¿Por qué te quiero?
Si la brisa del este es mi amante;
y el tuyo es el diamante.
Si el monte y el río me llaman;
y a ti multitudes que aclaman.

¿Por qué te quiero?
Si tú eres perfume francés;
y yo "sal del mar" en vez.
Si tú eres cocktail de alta hora;
y yo le soy fiel a la aurora.

¿Por qué te quiero, mujer?
Si es ficticia tu riqueza;
y la mía son tesoros,
que da la naturaleza.

¿Por qué te quiero? Pregunto.
Analizando esta escritura.
¿Por qué si eres así,
yo te quiero con locura?

¡Dime! ¿Por qué?
¿Por qué te quiero, mujer?

Hoy siento en mi celda

Hoy siento en mi celda, soy un prisionero,
soñando en mañana, en ayer que se va.
Con vaga memoria de un mundo lejano
con cierto descanso de muerte carnal.

Hoy siento en mi celda, juzgando a los jueces
con grandes deseos del tiempo violar
queriendo encontrar en el viento un motivo;
un algo, una excusa de aspecto moral.

Hoy siento en mi celda, soñando despierto,
un suave letargo, lejano del mar,
volando entre nubes de un cuarto pequeño.
Perdido en espacio y en tiempo penal.

Hoy siento en mi celda, un amargo descanso.
Y el velo de hierro quisiera romper
sentado sin silla en teatro ficticio,
contemplan mis ojos mi vida correr.

Hoy siento en mi celda, quisiera ser libre.
Las playas del sur poder caminar.
Sentir en mis ojos el sol deslumbrante.
Reflejo en la arena de un ave rapaz.

Hoy siento en mi celda, con un gran deseo,
de aguas profundas poder navegar.
Y el necio destino insiste en que vaya
Juan Carlos Freyre a su celda a penar.

Febrero 27, 1986

Su hija mayor

Señora:
su hija me abrió el horizonte.
La flor del amor conocí en ella;
y fui cielo... fui mar... fui monte
y juntos viajamos a las estrellas.

La llevo en mi sangre, también en mi ser.
No lo digo por compromiso;
ni por el hecho de que usted la hizo.
Su hija, señora:
es muy fácil de querer.

Usted le dio esa chispita.
Salsa sensual jacarandosa,
y esa piel color rosa,
que me exalta... que me excita.

Señora:
su hija mayor me arrebata;
y presenta sin duda un problema.
Un complejo y difícil dilema:
si la dejo muero; y si se va:
¡me mata!

Marzo 16, 1986

Aguas sonoras

Me incomoda este dolor sombrío
¿Por qué oculto la verdad del sentimiento?
¿Resiento acaso este dolor y miento?
O el rejuego de tu indecisión de hastío.

Acechan mis ojos mañanas de partida.
El desamparo opaca toda resonancia.
Y el enigma de tu silueta a la distancia:
arquea mi alma, a la ilusión asida.

Traza un curso constante en el sextante.
Anda firme ante el mísero destino.
Que no vale ser fiel o buen amante;
si recorres a la par ambos caminos.

¡Basta ya! se me agota la paciencia.
Alguien siempre resulta mal herido.
Cuando arrastra mil sombras mi conciencia.
Y mi cuerpo lo siento adolorido.

Yo quisiera creer en tus promesas
arrodillarme contigo ante el altar.
Mas me temo que el río trae sorpresas:
no piedras… ¡el peñón de Gibraltar!

Marzo 21, 1986

Olivia

A mi perrita

Sus ojos son dos luceros,
es graciosa y elegante
con orejas de elefante,
y el helado es lo primero.

Cazadora de canteros,
tan linda que le da envidia
a rosa, clavel y orquídea.
Cubierta de lindo pelo,
entre blanco y caramelo.
Me refiero a doña Olivia.

Febrero 19, 1992

A mis hermanas

Hoy escribo al recordar
los valles y las colinas
y errores del que camina
sin dirección al andar.
Conciencia que al despertar
es una luz que destella
y muestra el escombro y huella
de la ruina y el destrozo
que aun ciego en el calabozo
dejaron la noche aquella.

De nuevo aprendí a vivir
en paz con la humanidad
con discreción y humildad
pude otra vez sonreír.
Pero tengo que admitir
con gran placer y alegría
que hoy esta vida mía,
regalo que me entregaron,
las tres que por mi velaron
Conchi, Susana... y Rosa María.

Julio 5, 2008

Todo pasa

Pasa fugaz la niñez.
Pasa el triunfo y la derrota.
Pasan las promesas rotas.
Y pasa hasta la vejez...
Pasa el ave, pasa el pez.
Todo pasa en este mundo.
Agua azul del mar profundo:
tú también has de pasar.
Pues todo ha de terminar;
hasta el árbol que es fecundo.

Siento gran desilusión,
contemplando lo que pasa.
El olvido todo arrasa
con sus vientos de ciclón...
Pasa el baile y la canción.
Pasa la flor que sembraste.
Pasa todo lo que amaste.
Al igual que en ti murió,
la pasión que en mi quedó,
de ese amor que me juraste.

1985

Tal como soy

Soy bohemio y soñador;
también músico y poeta.
Soy un loco de escopeta,
imperfecto y pecador...
Soy bastante buen actor,
si no tengo alternativa.
Y he aprendido de la vida
a apreciar a quien me quiere,
e ignorar a quién prefiere
discusiones agresivas.

Soy amigo de mi amigo.
Ayudo a todo el que puedo.
Desconozco lo que es miedo
y el abuso es mi enemigo...
Lo que sueño: lo persigo.
Donde quiero ir: yo voy.
Lo que tengo: yo lo doy.
Y no envidio al millonario,
ni deseo otro vestuario:
¡Quiero ser tal como soy!

Enero 28, 1986

María

Ya sé que te casas María.
Que te vas a correr tu camino.
Que ha llegado a tu vida ese día,
donde empieza tu nuevo destino.

Me parece que fue solo ayer,
que a tu madre tomabas de mano
y sentada a su lado en el piano,
de repente te hiciste mujer.

Ya te vas y que Dios te bendiga.
Que tu vida sea un lindo concierto.
Que al final de tus sueños consigas,
dulce paz de los mares abiertos.

Baila y canta a través de los años,
cada vez que te vengan las ganas.
Canta y baila por siempre María.
Canta y baila a la par de Susana.

Dos caras

El mundo tiene dos caras:
una es blanca maravilla,
y otra es una pesadilla,
cundida de cosas raras.
Por más que hoy me pagaras,
para cambiar de vereda.
Quedaría con mi arboleda,
en el mismísimo puesto.
Recordando que fui expuesto,
al envés de la moneda.

Septiembre 30, 1986

Agua mansa

Si en chispa de vil venganza;
me adelantaran la muerte.
Ni tempestad, ni ola fuerte,
quiero un lago de agua mansa.
Quiero el filo de esa lanza,
la causante de mi herida;
que a un hijo mío no impida,
mirar fijo a las estrellas;
pues no hay cosa más bella:
que libertad, en esta vida.

Grito silente

Al mirar lo que ha transcurrido
y aceptar que el tiempo he perdido:
analizo por qué yo no existo
y concluyo que ya ni resisto
el fantasma en que me he convertido.

Soy día treinta en el mes de febrero.
Soy del punto a la izquierda otro cero.
Invisible soy yo como el viento.
Algo así como un libro de cuentos,
que entretiene sin ser verdadero.

Todo el mundo me dice "te quiero"
ella insiste en decir "yo te espero"
pero aquí en el infierno de Dante
somos solo esqueletos errantes
asfixiados en febril desespero.

Es mi queja una llama caliente.
Un furor que me da de repente.
Y si puedes oír este aullido:
es sin duda en el aire el sonido
del vacío de un grito silente.

Marzo 08, 1986

Usted me provoca

Le pido con gran cortesía,
que me preste un minuto del día.
Sus caderas entregué a la rumba,
a la salsa y tambor que retumba,
al compás de mi loca poesía.

Solo deme si quiere unas horas.
Y me atrevo a decirle, señora:
por la forma que tiembla su copa,
que en la piel ya le pica la ropa
y quisiera evitar más demora.

Puedes darme, si gustas, la noche.
Y con calma zafaré cada broche.
Cada lazo de encaje y arete.
Y este fiel servidor le promete:
hacer de placer un derroche.

Ideal sería amanecer.
Sus secretos deseo conocer.
Pues no basta una noche en el lecho;
si requieren tan solo sus pechos,
largo rato poder recorrer.

Sugiero en verdad la semana
y así saciaría estas ganas
de los besos que me dé su boca,
de esa piel que febril me provoca:
dulce miel de su rica manzana.

Mejor me entrega su vida.
Y usted vivirá complacida.
Año a año, beso a beso
con fogoso amor que confieso,
le daré cada vez que me pida.

Marzo 8, 1986

El corazón

Al corazón no se manda.
A ese; no se le ordena.
Corre su gracia y su pena,
y escoge el camino que anda.
Vota una vida por banda,
sin excusa y sin razón.
Él se culpa sin perdón,
pero persiste en su rumbo
y no cambia; aun dando tumbos,
por su propia decisión.

El corazón es su dueño
y aunque escuche mil consejos
solo mira en el espejo,
de la meta de su sueño.
El corazón es un leño,
que con fuego arde y quema.
Es sangre que corre en las venas
que no puedes obstruir.
Fuerza bruta, que al vivir
no se somete al dilema.

Octubre 23, 1985

Cumplido

Presiento al final de la larga noche
de pálidos fantasmas silenciosos.
Y un ciego cabalga misterioso,
en nubes color azul reproche.

¡Libertad! Grita el sordo del caballo.
¡Libertad! Que sonido tan hermoso.
Retumban los truenos con sus rayos.
Se impone el cuadrúpedo jocoso.

El grillo al tobillo no le pesa.
Las rejas de pronto son cristal.
Culpable es aquel que no confiesa.
Ahí viene trotando el animal.

Espectro incoherente de carey:
remueve por siempre las esposas.
Regreso cumplido ante la ley.
Cumplido ante Dios... es otra cosa.

Octubre 28, 1985

Tu regreso

Tu foto en el marco de plata
sigue en pie sobre el buró
y aquella del marco verde
arriba del chiforró.

Cuelga el cepillo de dientes
en el baño junto al mío.
Y tu sonrisa de niña
al recordarla me río.

El ropón azul clarito
que guardabas en su esquina
continúa dobladito
con tus cositas encima.

Olivia muy confundida
me preguntó al oído
si te causó alguna herida
que nunca más has venido.

Todo eso mi corazón
acompañado de un beso,
con una gran ilusión
esperan por tu regreso.

Travesía

Dedicado a los balseros cubanos

Oigo el llanto del océano profundo
de las almas tragadas por sus aguas
y me intriga el motivo de su riesgo
pago ingrato del sueño culminado.
Es acaso el abrir de ojos cerrados
o el lento entendimiento de la vida
parientes por brillo deslumbrado,
deseos y ansias desmedidas.
Hay quien dice del hambre y la miseria,
por la falta del pan de cada día,
mas no escucho de algún sobreviviente
de errores o falsa ideología.
Soy aquel curado del espanto
mirando llegadas de alegría
no hay tal riqueza; ni descanso
comienza una larga travesía...

Diciembre 17, 1993

Sueños de libertad

Dedicado a mi amigo Mandy "el mecánico"

Hoy me siento frente al mar
con su corriente hacia el norte,
pero no pienso remar
ni buscar un pasaporte.

El hambre, la necesidad
me nublan el pensamiento,
con sueños de libertad
y de buenos alimentos.

No te culpo, soy tu hermano
pero no voy a emigrar
ni mi casa iré a cambiar
por un sitio americano.

Quiero ser tal como yo soy.
Que se acabe el sufrimiento.
Quiero estar donde yo estoy
y vivir este momento.

Quiero cantar mi canción;
ser un libre ciudadano.
Basta ya de represión.
¡Libertad para el cubano!

Septiembre14, 2011

Perrito viejo

Cuando falleció María Luisa

Al mirarme en el espejo
y ver mi musculatura,
en medio de mi locura,
me vi joven y no viejo.

Que vengan rayos y truenos.
Sobrepaso la tormenta
sin pensar tomar en cuenta
lo que echaría de menos.

Yo volveré a renacer
con las villas y castillas
y viajaré muchas millas
llenas de risa y placer.

Ella murió.

Mi vida explotó en mil pedazos.
Me arrancaron el corazón
y sin una explicación
me asfixiaron con un lazo.

Fue realidad; no fue un sueño
y al mirarme en el mismo espejo
vi un perrito triste y viejo
que despertó sin su dueño.

Enero 7, 2016

Vives

Mi vida presente

Te veo con tu sombrero
entre las flores del cantero.
Adentro del carro blanco
cada vez que yo lo arranco,
o hablando con el cartero.

Caminas a mi costado
con el perro por el prado.
Deambulas por la sala
y corres como una bala
para sentarte a mi lado.

Cuando en la cocina entro,
estas en el mismo centro.
Al mirar al comedor
te observo en el resplandor
o en la sopa yo te encuentro.

Te escondes por las gavetas
en los libros y carpetas.
Viendo la televisión.
Meciéndote en el sillón
o montando bicicleta.

Hoy llego a la conclusión
en el techo o en el balcón;
mi amor continúas siendo,
porque ahora sigues viviendo
metida en mi corazón.

Enero 7, 2016

Del autor

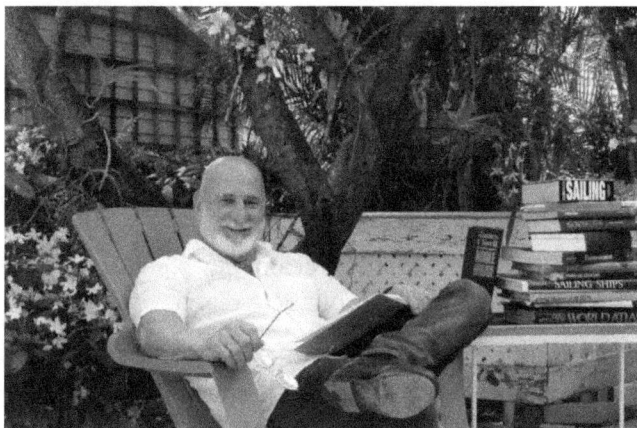

Juan Carlos Freyre nació en agosto del 1945 en La Habana, Cuba. Se educó en el Colegio de La Salle de donde luego se graduó en 1963, en Miami, Florida. Años después tomó diferentes cursos relacionados con la industria automotriz. Cuando se jubiló continuó estudios de historia, principalmente greco-rromana, el imperio bizantino y todo lo relacionado con el Mediterráneo.

Sus diversas pasiones han sido los autos de carrera, las motocicletas, la navegación a vela, el mundo submarino, la guitarra y las visitas de los extraterrestres.

En la década de los sesenta se integró volunta-riamente al ejército de los Estados Unidos (US Army) donde sirvió honorablemente hasta el año 1970.

Fue piloto de autos de carrera en los setenta, alcanzando numerosas victorias, incluyendo la Carrera Internacional de las doce horas de Sebring en el año 1975, en la que obtuvo el primer lugar en la categoría GTU, conducía un Porsche 911.

A pesar de su caída en la década de los ochenta, época en la cual escribió la mayoría de sus poemas, logró recuperarse y se desarrolló en el campo de los automóviles y las motocicletas.

La pasión por la velocidad la reemplazó con la danza armónica y romántica de la navegación a vela, de donde surgió la inspiración de muchos de sus versos y que aplicó a su conducta diaria.

Durante los últimos veinte años Juan Carlos visitó diversos países en el continente centro y sur americano, islas de las Bahamas, el Caribe y numerosas ciudades en América del Norte. También visitó casi todos los países de Europa Occidental y varias de las grandes ciudades de Asia y África.

Freyre no alcanzó a estudiar literatura en el idioma castellano, no obstante, encontrándose encarcelado en el año 1985, un buen día le vino la musa y en corto tiempo escribió su primera poesía titulada *Canto a la naturaleza*. Al enviársela a su madre, sorprendida, le reveló que su abuelo, el conocido sabio naturalista cubano, Don Carlos de la Torre y Huerta, se había ganado el premio mundial con un soneto al que tituló *Canto a la Naturaleza Sudamericana* a principios del siglo XX.

Juan Carlos le atribuye su musa poética a la memoria genética, pues él casi ni escribía en castellano cuando comenzó esta trayectoria.

Índice